Bibliografische Information der Deutschen Nationalbibliothek:

Die Deutsche Bibliothek verzeichnet diese Publikation in der Deutschen National-
bibliografie; detaillierte bibliografische Daten sind im Internet über http://dnb.d-
nb.de/ abrufbar.

Impressum:

Copyright © 2017 GRIN Verlag, Open Publishing GmbH
Druck und Bindung: Books on Demand GmbH, Norderstedt Germany
ISBN: 9783668602144

Dieses Buch bei GRIN:

https://www.grin.com/document/385996

Anonym

Das bedingungslose Grundeinkommen als mögliche Antwort auf den technologischen Fortschritt

GRIN Verlag

GRIN - Your knowledge has value

Der GRIN Verlag publiziert seit 1998 wissenschaftliche Arbeiten von Studenten, Hochschullehrern und anderen Akademikern als eBook und gedrucktes Buch. Die Verlagswebsite www.grin.com ist die ideale Plattform zur Veröffentlichung von Hausarbeiten, Abschlussarbeiten, wissenschaftlichen Aufsätzen, Dissertationen und Fachbüchern.

Besuchen Sie uns im Internet:

http://www.grin.com/

http://www.facebook.com/grincom

http://www.twitter.com/grin_com

Inhalt

1. Einleitung

Es gab bereits Jahrzehnte zuvor Autoren, die diese Entwicklung voraussahen, die jetzt in vollem Gange ist, die Revolution der Maschinen und Roboter. Dank der Maschinen werden uns zunächst monotone und routinemäßige Arbeiten abgenommen, aber es werden nach und nach durch künstliche Intelligenz auch kompliziertere Aufgaben von Maschinen erledigt werden können. Das ist ja zunächst etwas Erfreuliches, dass der Mensch von schwerer und mühsamer Arbeit befreit wird, aber diese Entwicklung hat leider auch eine sehr negative Schattenseite, denn durch die Maschinen werden Menschen aus der Arbeitswelt nachhaltig verdrängt. Es ist bereits Realität, dass Kraftfahrzeuge auf der Fertigungsstraße komplett von Robotern zusammengebaut werden können.

Früher galt folgende Prognose: Läuft die Wirtschaft gut, können alle am Erfolg teilhaben und Arbeitsplätze entstehen. Aber seit der 90er Jahre gilt dieser Grundsatz nicht mehr, denn durch die fortschreitende technische Entwicklung ist ein massiven Verdrängungseffekt im Gange, der bewirkt, dass selbst wenn die Wirtschaft gut läuft, mehr Erwerbsarbeitsplätze zerstört werden, als neue entstehen. Dies bewirkt, dass es immer weniger Beschäftigte gibt, die die Versicherungsbeiträge für immer mehr Rentner und Arbeitslose zahlen müssen, das bedeutet der Gesellschaftsvertrag wird nicht mehr lange funktionieren und eine neue Lösung für dieses Problem muss gefunden werden.

Der Kapitalismus steht vor einem systemrelevanten Problem, denn es wird keine Arbeit mehr für alle geben, aber was passiert mit den überflüssig gewordenen Menschen. Die Denkungsweise, dass der Mensch durch ein Erwerbseinkommen selbst für sich zu sorgen hat, besteht immer noch und wird durch falsche politische Entscheidungen, wie die Hartz 4-Gesetzgebung sogar noch verschärft, obwohl ein Sinneswandel längst hätte stattfinden müssen. Die Vertreter des Grundeinkommens vertreten die Meinung, dass wir alte Rezepte über Bord werfen müssen, die neue Denkungswiese muss lauten: Die Erwerbsarbeit steht nicht mehr im Mittelpunkt des menschlichen Handelns und Arbeitslosigkeit ist somit nicht mehr als Stigma anzusehen.

In einer zivilisierten Gesellschaft, wäre ein sinnvoller Ansatz hierbei die Einführung eines bedingungslosen Einkommens zu diskutieren, das den Menschen, die ihre Erwerbsmöglichkeit verloren haben, die Möglichkeit gibt trotzdem eine neue Existenzmöglichkeit zu schaffen, um ihnen die Existenzängste zu nehmen.

Dies soll nun alles als Rechtfertigung dienen, sich in dieser Facharbeit etwas intensiver mit dem Thema: bedingungsloses Grundeinkommen zu befassen.

2. Das bedingungslose Grundeinkommen

Es muss zuerst einmal die Frage geklärt werden, was man genau unter einem „bedingungslosen Grundeinkommen versteht, dabei wird sich erst einmal mit der Definition des Begriffes befasst. Als nächstes werden einige prägnante Modelle vorgestellt, dabei wird es nicht möglich sein alle Modelle im Detail zu behandeln, weil es den Rahmen dieser Arbeit sprengen würde. Diese Arbeit wird den Fokus auf zwei wichtige Modelle richten, die aus zwei verschiedenen Lagern stammen und diese miteinander vergleichen, um zu sehen welche Ziele ein bedingungsloses Einkommen haben kann. In späteren Kapiteln soll nochmal untersucht werden, welche sozialen, politischen und wirtschaftlichen Auswirkungen die Einführung eines bedingungslosen Grundeinkommens haben könnte.

2.1. Geschichte

Die Idee des bedingungslosen Einkommens ist gar nicht so neu, wie mancher glauben mag, sondern sie hat ihre Wurzeln bereits im Mittelalter. Der Gelehrte Thomas Morus (*1478 – †1535) forcierte schon 1517 in seinem Werk „Utopia" ein Einkommen für jedermann, der zur Gemeinschaft dazu gehört. Nach dem Motto: Jeder sollte sich nehmen, was er braucht .(vgl. Blaschke, (o. J.) unter: https://www.grundeinkommen.de/die-idee/geschichte).

Neben ihm gab es da noch weitere bedeutende Vorkämpfer für das Grundeinkommen, diese hielten die Grundidee in ihren Aufzeichnungen schriftlich fest, zu ihnen gehörten noch Zeitgenossen wie Juan Luis Vives (*1492 – †1540) sowie der Niederländer Hugo de Groot (*1583 – †1645) (ebd).

Der Engländer Thomas Paine (*1737 – †1809) sprach sich zum Teil schon offen dafür aus, dass die „Idee einer einmaligen Grundausstattung für alle Jungen und einer Grundrente für alle Alten" ab 50 Jahre notwendig sei „und begründete sie naturrechtlich" (vgl. Paine 1796 zit. n. Vanderborght 2005: 21)`

1955 schlug Erich Fromm als Lösungskonzept das arbeitsunabhängige Grundeinkommen vor (vgl Widerström, (2010) unter: http://www.archiv-grundeinkommen.de/fromm/201005-Fromm-und-das-bGE.pdf).

In seinem Werk „Wege ins Paradies" fordert Franzose Andre Gorz 1984 ein lebenslängliches garantiertes Einkommen, knüpft dies aber an eine Lebensarbeitsleistung von 20.000 Stunden. In Deutschland kämpften Michael Opielka und Georg Vobruba für die Idee des bedingungslosen Grundeinkommens (.)

Seit 1986 findet alle 2 Jahre ein Weltkongress zum Thema bedingungsloses Grundeinkommen statt und seit 2004 fand der Beginn der öffentlichen Diskussion zum Thema BGE statt durch den Inhaber der Drogeriekette DM, Götz Werner, statt. Als Organisationen sind hier das Europäische Grundeinkommensnetzwerk und das „Basic Income Earth Network (BIEN) zu nennen (..).

2.2. Definition „bedingungsloses Grundeinkommen"

Zum Begriff „bedingungsloses Grundeinkommen", das abgekürzt auch als BGE bezeichnet wird, beinhaltet vier Grundelemente, welche für sich in diesem Zusammenhang definiert werden sollen:

Erstens muss die „Höhe des Grundeinkommen so hoch" sein, dass man als es existenzsichernd bezeichnen kann, aber davon nicht lediglich „überleben kann", sondern dass man am „gemeinschaftlichen, sozialen wie kulturellen Leben teilhaben" kann (vgl. Werner, 2016, S. 38).

Zweitens wird allen Deutschen vom Säugling das gesetzliche Grundeinkommen bis zum Greis gesetzlich ohne „wenn und aber" gesetzlich garantiert, also jeder hat einen individuellen Rechtsanspruch darauf (vgl. ebd., S. 39 f.).

Drittens ist hierbei keine Gegenleistung erforderlich, was bedeutet, dass keine Verpflichtung bzw. „kein Zwang" besteht, einer Erwerbsarbeit oder gemeinnützigen Tätigkeit nachgehen zu müssen. Der Mensch bekommt das bedingungslose Grundeinkommen alleine für die Tatsache, dass er existiert (vgl. ebd., S. 43).

Viertens wird das BGE also ohne eine Bedürftigkeitsprüfung, d.h. eine Einkommens- und Vermögensprüfung durch eine Sozialbehörde ausgezahlt (vgl. ebd., S. 41, 42).

Außerdem wird sich der Personenkreis der Berechtigten zunächst auf die Bürger beschränken, die deutsche Staatsangehörigkeit besitzen, um zu verhindern, dass durch Zuzug von außen Sozialtourismus stattfinden kann bzw. die Einwanderung in die Sozialsysteme verhindert wird (vgl. Straubhaar (2007): http://www.hwwi.org/fileadmin/hwwi/Leistungen/Gutachten/Grundeinkommen-Studie.pdf, S. 12).

2.2.1. Gründe für ein bedingungsloses Grundeinkommen

Aber heute leben wir durch die Industrialisierung in einer „Gesellschaft der totalen Fremdversorgung", was dazu geführt hat, dass wir in einer „hochgradig arbeitsteiligen Gesellschaft" (vgl. Werner, 2007, S. 46) leben, in der niemand mehr ein Produkt als Ganzes herstellt, selbst die Dienstleistungen funktionieren nicht mehr ohne das Zutun anderer. Dadurch entwickelte sich der Mensch immer mehr zum „Rädchen im Getriebe" und war nicht mehr dazu in der Lage selbst etwas herzustellen und brauchte nun ein Einkommen, um an der Gesellschaft einen Anteil zu haben. Das Einkommen war an Erwerbsarbeit gekoppelt. Der Bürger war gezwungen, um zu leben, einer Erwerbsarbeit nachzugehen, um ein lebensnotwendiges Einkommen in Form von Geld dafür zu erhalten, um seine Existenz zu finanzieren, d.h. Geld zu erwirtschaften für existenzielle Dinge, wie für Nahrung, Kleidung, ein Dach über dem Kopf, und Teilhabe am politischen, gesellschaftlichen und kulturellen Leben (vgl. ebd., S. 60.)Neben der Arbeit als „Erwerbsarbeit" gibt es auch Arbeiten, wie „Hausarbeit, Erziehung, Pflege, soziales Engagement, Kulturarbeit, Sport, Brauchtum", bei denen kein Einkommen generiert wird, die aber unverzichtbare Beiträge zum Funktionieren und Gedeihen unserer Gesellschaft liefern. (vgl. ebd., S. 64)

Durch den technischen Fortschritt kommt noch erschwerend folgender Umstand hinzu, dass Maschinen den Menschen zwar schwere gefährliche Arbeiten abnehmen, aber ihn als Arbeitsplatzinhaber überflüssig machen, das heißt konkret, wir leben in einer Gesellschaft, in der die Arbeit immer weiter und immer rasanter abgebaut wird. (vgl. ebd. , S. 71) . Vobruba sagt hier treffend:" Der Rückzug der Lohnarbeit führt zu Einkommensverlusten – die Freiräume" sollten „durch den Rückzug der Arbeitsgesellschaft eröffnet" werden (Vobruba, 2007S.135). Der nun freigesetzte Bürger, der durch seine Arbeitslosigkeit kein Einkommen mehr erzielen kann, wird nicht mehr gebraucht und fällt nun in die Bedürftigkeit und bekommt vom Staat aktuell noch ein „Überlebensgeld" (Hartz 4) das gerade zum Überleben ausreicht und alles andere ist als eine Existenzsicherung,

2.2.2. Aktuelle Grundsicherung in Deutschland

In Deutschland gelten seit 2005 im Rahmen der „Agenda 2010" die Sozialgesetzbücher SGB II (welches auch unter „Hartz IV" bzw. Arbeitslosengeld II") und das SGB XII (Hilfe zum Lebensunterhalt für nicht erwerbsfähige Personen, auch als „Sozialhilfe" bzw. Grundsicherung im Alter" bekannt). Darüber hinaus gibt es noch ergänzende Regelungen, die nur in speziellen Fällen gewährt werden, wie Wohngeld, BAföG, Elterngeld usw. Was das Arbeitslosengeld II anbelangt findet vor Antragstellung eine Bedürftigkeitsprüfung statt. Eigene Anstrengungen zu unternehmen um die Bedürftigkeit zu beenden, hat oberste Priorität. Regelverstöße können mit Sanktionen bis zu 100 Prozent geahndet werden.

Dieses Arbeitslosengeld bzw.Hartz 4, sollte ursprünglich eine „soziale Wohltat des Staates" sein, aber gemäß des Prinzip des „Workfares" war an dieses äußerst knappe Existenzminimum, das man den Schwachen garantierte, strenge Voraussetzungen geknüpft (Werner, 2007, S. 61). Durch die Hartz 4-Gesetzgebung sollten die Betroffenen unter allen Umständen unter Sanktionsandrohung gezwungen werden jede angebotene Arbeit anzunehmen, egal ob weit unter der Qualifikation und egal wie billig, obwohl gemäß Art. 12 GG Zwangsarbeit eigentlich verboten ist. Außerdem ist laut Art. 1 GG „Die

5

Würde des Menschen unantastbar. Sie zu achten und zu schützen ist die Verpflichtung aller staatlichen Gewalt." Und gemäß Art. 2 GG hat „Jeder" hat(...) „das Recht auf Leben und körperliche Unversehrtheit. Die Freiheit der Person ist unverletzlich. In diese Rechte darf nur auf Grund eines Gesetzes eingegriffen werden." Aber es steht im Grundgesetz nicht explizit, dass der Mensch, der das „Recht auf Leben" hat dafür arbeiten muss. Als Konsequenz der vorgenannten Grundrechte läßt sich folgender Gedanke ableiten: „„Wenn das Recht. In Würde und in Freiheit zu leben, bedingungslos ist, dann muss auch das Recht auf Essen, Trinken, Kleidung, Wohnen und auf grundlegende gesellschaftliche Teilhabe bedingungslos sein." (ebd. , S. 61).

Das bedingungslose Grundeinkommen sollte darin eine Investition für die Zukunft sein, indem Freiräume zu schaffen zur für die Entfaltung der Kreativität. Ferner wird der Fokus auf Sinnhaftigkeit von Aufgaben gelegt werden, d.h. die „neue Arbeit" soll im Gegensatz zur „Erwerbsarbeit" gefördert werden. Das sind sinnstiftende Arbeiten, die unsere Gesellschaft bitter nötig hat, für die aber im aktuellen System kein oder nur wenig Geld investiert wird, z. B. Alten- und Krankenpflege, Kulturarbeit, Umweltschutz, usw.. Schließlich wird es auch viele Menschen geben die die Selbstinitiative ergreifen und selbst ein Unternehmen gründen. Als Ergebnis würden die Menschen nicht mehr arbeiten, weil sie es müssen, sondern weil sie wollen (.)

2.3 Verschiedene Modelle

Um den Rahmen nicht zu sprengen, wird sich diese Arbeit mit den bekanntesten Modellen des Grundeinkommens beschäftigen. In dieser Gegenüberstellung werden nur zwei wichtigsten Grundeinkommensmodelle separat erläutert und somit deren Unterschiede herausgestellt. Bei diesen Modellen handelt es sich um das „Bedingungslose Grundeinkommen" nach Götz Werner und das „Solidarische Bürgergeld" nach Dieter Althaus (CDU), diesen wird zum Vergleich die aktuelle Grundsicherung Deutschlands vorangestellt.

2.3.2 Modell Solidarisches Bürgergeld von Dieter Althaus

Der ehemalige Ministerpräsident (CDU) des Landes Thüringen hat gegenüber den Erfindern des Grundeinkommens ein eigenes Konzept konstruiert. Hierbei geht es um ein eigenes Modell des bedingungslosen Grundeinkommens, hierbei würde jedem erwachsenen Bürger, ohne behördliche Kontrolle, ein bedingungsloses Grundeinkommen von 600,00 Euro (Bürgergeld) netto ausgezahlt werden, plus 200 Euro Gesundheitsgutschrift (vgl. Straubhaar (2007): http://www.hwwi.org/fileadmin/hwwi/Leistungen/Gutachten/Grundeinkommen-Studie.pdf, S. 60).

Jedes Kind bekäme bis zum 18. Lebensjahr 300,00 EURO (Bürgerkindergeld) pro Monat ausgezahlt plus je einer „Gesundheitsgutschrift von 200,00 EURO" ausgezahlt bekommen (vgl. ebd., S. 66).

Dieses soldarische Bürgergeld würde umgerechnet etwa 583 Milliarden Euro (vgl. Althaus (o.ö J.)http://www.archiv-grundeinkommen.de/althaus/buergergeld.pdf , S. 33) kosten und finanziert wird dieser Betrag über die Erhebung einer negativen Einkommensteuer, die wie folgt funktioniert:. Verdient man weniger als 1.600,00 Euro, ist man Nettoempfänger und bekommt das Bürgergeld plus die 50% des Einkommens ausgezahlt, liegt man als Nettozahler über dem Verdienst von 1.600,00 Euro werden mit den 25% Einkommensteuer, die vom Gehalt abgezogen werden, 400,00 Euro Bürgergeld, das noch 200,00 Euro Gesundheitsprämie bereinigt wird, hinzugerechnet (vgl. Straubhaar (2007): http://www.hwwi.org/fileadmin/hwwi/Leistungen/Gutachten/Grundeinkommen-Studie.pdf, S. 65).

Jeder Bürger bekommt ab dem 67. Lebensjahr eine Bürgergeldrente von 1400,00 Euro minus 200,00 Gesundheitsprämie ausgezahlt, diese setzt sich zusammen aus 800,00 Euro Bürgergeld plus maximal 600,00 Euro Zusatzrente abzüglich 200,00 Euro Gesundheitsprämie. Diese Zusatzrente berücksichtigt den Verdienst und die Lebensarbeitszeit (vgl. ebd., S. 68).

Alle anderen Sozialleistungen, wie z. Bsp. die gesetzlichen Arbeitslosen-, Kranken-, Rentenversicherung sowie Arbeitslosengeld II, Wohn- und Kindergeld und BAföG sollen komplett abgeschafft werden.(.).

2.3.3 Modell Bedingungsloses Grundeinkommen von Götz Werner

Grundsätzlich ist Götz Werners Modell im Kernstück nicht nur eine Reform was die Umverteilung von Geld anbelangt, sondern es soll ein Umdenken stattfinden, was die Bereiche Wirtschaft, Arbeit und Mensch betrifft. Werner stellt fest, es ist nicht die Arbeit, die den Arbeitslosen fehlt, sondern es ist das Einkommen und er plädiert dafür beides voneinander zu trennen (vgl. Werner, 2007, S. 80). Er will sich für ein bedingungsloses Grundeinkommen für jedermann, vom Arbeitslosen bis zum Millionär, einsetzen.

Bedingungen: die Höhe dieses Grundeinkommens soll deutlich höher liegen, als das sogenannte physische Grundeinkommen liegen. Es soll sich hierbei um ein Kulturminimum handeln, von dem man zwar „bescheiden", aber trotzdem „menschenwürdig" existieren kann (vgl. Werner 2008:). Werner setzt die Höhe seines Grundeinkommens bei 700,00 bis 1000,00 Euro an, dass sich kontinuierlich zu einem Endbetrag von 1500,00 Euro pro Person entwickeln soll. Das bedingungslose Grundeinkommen wird jedem Menschen von der Geburt, bis zum Tode ausgezahlt, logischerweise bekommt ein Kind weniger als ein Erwachsener ausgezahlt, aber die Höhe dürfte auch bei 500,00 Euro liegen (vgl. Jacobi, 2007, http://www.bildungswerk-boell.de/sites/default/files/doku07-pro-contra-grundeinkommen-2aufl_1.pdf, S. 54).

Götz Werner wollte das Grundeinkommen zunächst als eine Art „Sozialdividende" alleine durch eine „Konsumsteuer" finanzieren. Er ist davon überzeugt, dass der Umsatzssteueranteil am Produktpreis so hoch sei, dass damit zusammengerechnet alle Staatsausgaben finanziert werden können. Aus diesem Grund spricht er sich für die Umstellung des Steuersystems auf ein reines Umsatzsteuer- bzw. Mehrwertsteuersystem aus, das einen einheitlichen Steuersatz von 50% festsetzt. Andere Steuern, wie die Lohn- und Einkommensteuer und die Sozialabgaben sollen wegfallen, damit das Bruttoeinkommen pro Person immer ihrem Nettoeinkommen gleichkommt (vgl. Werner 2007: 99). Dazu zählt noch der Wegfall des steuerlichen Grundfreibetrages. Damit würde bereits heute nach seiner Auffassung ein Anteil von bis zu 50 Prozent in die staatlichen Finanzkreisläufe fließen (vgl. Spannagel, 2015, https://www.boeckler.de/pdf/p_wsi_report_24_2015.pdf, S. 6). Er wollte die Erhebung von Steuern nach „Produktgruppen" unterteilt wissen, das bedeutet, Produkte des täglichen Bedarfes sollten einen erheblich niedrigeren Verbrauchssteuersatz aufweisen, als die Luxusprodukte und Steuer auf Arbeit soll nicht mehr erhoben werden (vgl. Werner, 2006, S. 32 f.).

Der Staat würde außerdem durch den Abbau der Sozialbürokratie Einsparungen in Milliardenhöhe generieren. Allein ist bei der Bundesagentur für Arbeit mit rund 90.000 Mitarbeitern und bei der Deutschen Rentenversicherung mit 75.000 Mitarbeitern ein gewaltiges Einsparpotential enthalten (vgl. Schäfer, 2007, http://www.kas.de/upload/dokumente/2007/Borchard/Zus_Schaefer.pdf, S. 276, s. Fußnote 39).

Aber heute hat er in sein Konzept daraufhin etwas korrigiert, indem er seinen Schwerpunkt nicht ausschließlich mehr auf eine Konsum- bzw. Luxusbesteuerung verlagert, sondern neuerdings Güter hoch besteuern will, die die Umwelt stark belasten. Mit der Feststellung, „was für die einen Luxus ist, kann für die anderen Notwendigkeit sein." Ein objektives Kriterium, das er hier ansetzen will, ist die Belastung der Umwelt, d.h. der Footprint eines Produktes. Die Produkte, die „sauber" hergestellt werden und die auch während des Konsums ökologisch weniger problematisch sind, werden weniger besteuert, als die, die sowohl während der Produktion als auch während des Verbrauchs umweltschädigend sind. (vgl. Schumacher, o. J., http://www.precapture.lifesuche.de/cgi_bin/bf.pl?Path=11/03/01)

3. Chancen eines bedingungslosen Grundeinkommens

Wie wirkt sich die Umsetzung des bedingungslosen Grundeinkommens in Deutschland aus? Die Verwirklichung dieser Idee wird größere Veränderungen aller gesellschaftlichen Bereiche von Grund auf verändern. Man muss alles, was man über das Thema gelesen berücksichtigen und diese Szenerie im Kopf abspielen lassen und die Folgen, die sich daraus ergeben könnten, sowohl positive als auch negative, versuchen aus allen Perspektiven aus zu betrachten. Wichtig sind zunächst einmal Gesichtspunkte, ob das bedingungslose Grundeinkommen existenzsichernd ist, denn das entscheidet darüber, ob die positiven Wirkungen in die Realität umgesetzt werden oder absehbaren Risiken sich erfüllen. Um eine Übersicht über die Auswirkungen des bedingungslosen Einkommens zu erhalten, wird es erforderlich sein eine Gliederung der gesamten Diskussion nach den Folgen vorzunehmen, die es für die drei wichtigsten Aspekte hat.

3.1. Gesellschaftliche Argumente

Das wichtigste Argument für das bedingungslose Grundeinkommen ist das „Autonomie-Argument" (Voruba 2006: 176). Das bedingungslose Grundeinkommen soll die Menschen aus der Knechtschaft, d.h. vornehmer ausgedrückt vom Arbeitszwang und der Fremdbestimmung befreien, welche vom Arbeitsmarkt und den Arbeitgebern verursacht werden. Das BGE sollte existenzsichernd bemessen sein, um jedem Bürger zu ermöglichen ein menschenwürdiges Leben zu führen, egal wie seine momentane Erwerbs- bzw. Lebenssituation auch sein mag (vgl. Spannagel, 2015, https://www.boeckler.de/pdf/p_wsi_report_24_2015.pdf, S. 11).

Ist der Bürger durch dieses Einkommen existenziell abgesichert, erhält er nun die individuelle Freiheit und Freiräume, um seine Selbstverwirklichung zu entfalten. Der Bürger wird in die Lage versetzt alternative Lebensformen und kreative Ideen auszu-probieren, die nicht unbedingt marktfähig sind. Unbezahlte Arbeiten, wie Familien- und Pflege pflegebedürftiger Angehöriger würden möglich und ehrenamtliche Betätigungen, wie z. B. Naturschutz, Tierschutz, o. ä. würden gefördert. Dies würde durch ein sozialeres Klima mehr Menschlichkeit in unsere Gesellschaft bringen ((vgl. ebd., S. 12).

Der Arbeitsmarkt hätte mit dem bedingungslosen Grundeinkommen, das existenzsichernd ist, seinen Namen zu recht verdient, denn der Bürger hätte die Freiheit Arbeit abzulehnen, die ethisch bedenklich ist, die zu niedrig bezahlt, die „schlechte Arbeitsbedingungen" aufweist oder die „unter seiner Qualifikation" liegen (Voruba, 2006, S.176). Gemäß Götz Werner hat nur derjenige „die Freiheit, nein zu sagen(...), dessen Existenzminimum gesichert ist" (Werner, 2007, S. 62). Die Stigmatisierung der Arbeitslosen als faul und arbeitsscheu würde nicht mehr gelten und so würden die Betroffenen ihre Würde zurück bekommen.

Im aktuellen System sind die Frauen trotz Emanzipationsbestrebungen die großen Verlierer, aber durch die Einführung eines bedingungslosen Einkommens würde sich dies ändern, denn ein solches Einkommen bietet sowohl Männern als auch Frauen die finanzielle Basis für ein unabhängigeres selbstbestimmtes Leben. Unabhängig von ihrer Erwerbssituation könnten die Frauen sich wirklich emanzipieren, denn sie wären finanziell nicht mehr auf den Verdienst und auch nicht mehr auf die höhere Rente des Mannes angewiesen. Außerdem hätten viele Frauen wieder die Freiheit sich stärker gegen Erwerbsarbeit und für Familie und Haushalt zu entscheiden (vgl. Spannagel, 2015, https://www.boeckler.de/pdf/p_wsi_report_24_2015.pdf, S. 12, 13).

3.2. Sozialpolitische Argumente

Das Hauptargument für die Einführung eines bedingungslosen Grundeinkommens ist das nachhaltige Vorgehen gegen Probleme, wie individuelle Armut bzw. Arbeits-losigkeit. Aber aktuell bekämpft der Staat aber nicht die Armut bzw. die Arbeits-losigkeit, sondern das Problem wird privatisiert und der Staat bekämpft die Betroffenen, aber genau dieser Staat ist nicht in der Lage Vollbeschäftigung zu garantieren, sondern es herrscht Unterbeschäftigung (vgl. ebd., S. 15).

4. Risiken und Kritikpunkte

Neben den Vorteilen, die die Einführung des Grundeinkommens mit sich bringt, gibt es auch Gefahren und Risiken, die man nicht unterschätzen sollte. Um das Grundeinkommen existenziell sicher zu machen, muss man, wo es notwendig ist, einige Verbesserungen vornehmen.

4.1. Finanzierbarkeit

Wenn man prüfen will, ob ein Grundeinkommen finanzierbar ist, lässt sich das feststellen, wenn man einen realen Feldversuch durchführt, alles andere sind Spekulationen, denn es lässt sich sehr schlecht vorhersagen, wie sich durch die Einführung des Grundeinkommens die gesellschaftliche Leistungsbereitschaft entwickelt. Hierbei ist es sehr wichtig zu wissen, dass nur ein Staat, der über aus-reichend Geld verfügt, was „öffentlichen Reichtum" voraussetzt, seinen Bürgern ein bedingungsloses Grundeinkommen zahlen kann. Aber um genug „Verteilungsspiel-raum" zu haben, müssen auf der Wirtschaftsseite genug Werte erwirtschaftet werden (vgl. Spannagel, 2015, https://www.boeckler.de/pdf/p_wsi_report_24_2015.pdf S. 16)

4.2. Bequemlichkeit

Es lässt sich auch nicht zuverlässig voraussehen, wie der Bürger reagiert, wenn der Zwang zur Arbeit durch das Grundeinkommen nicht mehr existiert. Es kann schon möglich sein, dass ein zunehmender Teil der Bevölkerung sich mit diesem Hänge-mattengeld ein faules Leben einrichtet und selbst keinerlei Zuverdienstmöglichkeiten mehr angenommen werden. Der Niedergang des Leistungsdrucks auf breiter Masse hätte die Konsequenz, dass die deutsche Wirtschaftsleistung stetig absinken würde und das Grundeinkommen dann nicht mehr finanzierbar wäre (vgl. Werner, 2016, S. 47)..

4.3. Abbau sozialer Sicherungssysteme

Es gibt kritische Stimmen, die behaupten, ein bedingungsloses Grundeinkommen wäre selbst auf dem aktuellen Hartz 4-Niveau nicht bezahlbar, d.h.was das allgemeine Anspruchsdenken und die Höhe des angeblichen Existenzminimums müsste die Höhe des Betrages erheblich nach unten korrigiert werden. Ferner würden alle Sicherungssysteme nachhaltig abgeschafft werden, alle Arten von

Beihilfen und Zuschüsse gäbe es nicht mehr und es bestünde die Gefahr, dass sich der Staat aus der Absicherung sozialer Risiken, wie Krankheit und Arbeitsunfähigkeit zurückzieht. In solchen Fällen müßten sich die Betroffenen u. U. selbst und individuell versichern (vgl. Spannagel, 2015, https://www.boeckler.de/pdf/p_wsi_report_24_2015.pdf, S. 17.).

4.4. Gerechtigkeit

Vom Gerechtigkeitsaspekt betrachtet ist das Grundeinkommen darin als ungerecht zu betrachten, dass es selbst Vermögenden und Großverdienern ausbezahlt wird. Allerdings lässt sich diesem Mechanismus steuerpolitisch entgegenwirken: Etwa durch eine progressive Besteuerung von Erwerbseinkommen, wie sie beim Existenzgeld vorgesehen sind. In Kombination mit einer ebenfalls progressiven Vermögenssteuer könnten so die Reichen direkt zur Finanzierung des bedingungslosen Grundeinkommens herangezogen werden (vgl. ebd., S. 15).

5. Fazit

Ich meinerseits würde unter normalen Umständen auch pragmatisch über die Einführung eines Grundeinkommens denken und würde es als nicht realisierbar und unbezahlbar verwerfen, denn das KO-Kriterium wäre meines Erachtens die Unfinanzierbarkeit, denn ein Staat kann nur öffentlichen Reichtum verteilen, wenn er genug Verteilungsspielraum hat. Außerdem würde ein bedingungsloses Grundein-kommen zu einer Massenarmutszuwanderung führen, denn ein Grundeinkommen würde Glücksritter aus aller Welt anlocken und würde allein durch die rasant anwachsende Anzahl an Empfängern irgendwann unfinanzierbar.

Es gibt aber drei Gründe, die ein bedingungsloses Grundeinkommen andererseits zwingend notwendig machen, das ist erstens die immer weiter fortschreitende technische Entwicklung, zweitens die Banken, die ständig Geld verzocken und vom Staat wieder gerettet werden müssen und drittens die Politik, die immer noch stur an längst überholten Rezepten festhält. Ein Teufelskreis entsteht, denn die geringe Anzahl von Menschen, die noch sozialversichert arbeiten, können weder die Rentner noch die Arbeitslosen finanzieren, d.h. es fehlt auf der einen Seite Geld für Soziales auf der anderen Seite gibt es Banken, die Milliardenbeträge regelrecht verbrennen.

Wir leben Zeitalter der Maschinen, in der zunächst jede monotone Routinearbeiten durch Maschinen und Roboter ersetzt werden, schaut man sich in der Automobil-industrie um, wird man mit Entsetzen feststellen, dass an den Fertigungstrassen nur noch Roboter die Fahrzeuge zusammenbauen. Diese Entwicklung wird auch andere Bereiche erreichen, es gibt sogar schon Roboter, die ganze Häuser bauen können. Die Konsequenz ist, dass die menschliche Arbeitskraft immer weiter verdrängt wird. Das scheint auf der einen Seite für die Menschheit ein Segen zu sein, dass schwere Arbeiten von Maschinen übernommen werden und der Mensch nun zeitliche Frei-räume bekommt. Einerseits wird der Mensch aus der Arbeitswelt somit immer weiter verdrängt und die Erwerbsarbeitswelt wird abgeschafft, andererseits ist der Mensch gezwungen durch Erwerbsarbeit eigenverantwortlich für ein Erwerbseinkommen zu sorgen, um zu überleben. Irgendwann werden die Herren dieser Gesellschaft sich entscheiden müssen, was sie mit den Überflüssigen machen und da gibt es nur wenige Optionen: Entweder man lässt die Überflüssigen verhungern, schickt sie in Kriege, entsorgt sie in Fema-Lagern oder man gewährt als zivilisierte humanistische Gesellschaft diesen Menschen, die von der Arbeitswelt nicht mehr gebraucht werden ein bedingungs-loses Grundeinkommen.

Was die Finanzierung anbelangt, gibt es außer die Verbrauchsteuern anzuheben noch eine andere Möglichkeit über die man nachdenken muss. Ist es nicht so, dass z. Bsp. Die Entwicklung der Technologie eines I-Phones durch staatliche Zuschüsse nicht erst ermöglicht wird, d. h. ohne den Staat gäbe es keine I-Phones, Apple-Computer o. ä. Die kollektive Produktion von Wohlstand wird privat angeeignet, obwohl staatliche Zuschüsse die Produktion ermöglichen (vgl. Varoufakis, 2017, S. 105). Genauso werden Konzerne, die eigentlich schon längst bankrott wären mit Kollektiv-Geld (= Steuergeld) gerettet, genauso wird mit bankrotten Banken verfahren. Beleuchtet man diese Ungereimtheiten genauer, wird einem klar, dass für ein Grundeinkommen genug Geld da wäre.

Es wäre Zeit für einen grundlegenden Paradigmenwechsel, erstens muss der Mensch wieder über die Wirtschaft gesetzt werden, d.h. die Wirtschaft muss dem Wohl der Menschen dienen, zweitens muss man erkennen, dass Staat und Unternehmen zusammengehören und die kollektive Produktion die privat angeeignet wird, eigentlich das Eigentum der Bevölkerung ist und das bedingungslose Grundeinkommen als Dividende an die gesamte Bevölkerung auszuzahlen ist.

Literaturverzeichnis

Monografien

VOBRUBA, Georg (2006): Entkoppelung von Arbeit und Einkommen: Das Grundeinkommen in der Arbeitsgesellschaft 2. Erweiterte Auflage. Wiesbaden: VS Verlag für Sozialwissenschaften.

WERNER, W., Götz (2007): Einkommen für alle: 1. Auflage, Köln, Verlag Kiepenheuer & Witsch

WERNER, W. Götz (2006): Ein Grund für die Zukunft: Das Grundeinkommen: Stuttgart, Verlag Freies Geistesleben.

WERNER, W. Götz (2016): 1000€ für jeden: Freiheit Gleichheit Grundeinkommen: 4. Auflage, Berlin, Verlag Ullstein

VAROUFAKIS, Yanis: Kapitalismus und Freiheit: Warum der Kapitalismus ein Grundeinkommen erforderlich macht In: Sozialrevolution!. Frankfurt am Main/ New York: Hrsg. Börries Hornemann, Armin Steuernagel: Campus Verlag GmbH, (2017): S. 101 – 111. (Aufsatz aus einem Sammelwerk)

Internetquellen:

ALTHAUS, Dieter (2007): „Thesen zum Solidarischen Bürgergeld", unter: http://www.d-althaus.de/fileadmin/PDF/ThesenSolidarischen_B_rgergeld.pdf am 1. 2. 2007 (aufgerufen am 09.07.2017).

SPANNAGEL, Dorothee (2015): „Das bedingungslose Grundeinkommen: Chancen und Risiken einer Entkopplung von Einkommen und Arbeit" unter: https://www.boeckler.de/pdf/p_wsi_report_24_2015.pdf (aufgerufen am 10.07.2017).

SCHUMACHER, Heinrich (o. J.): BGE Precapture: Das Modell Götz Werner im Detail" unter: http://www.precapture.lifesuche.de/cgi_bin/bf.pl?Path=11/03/01 (aufgerufen am 10. 07. 2017).

SCHÄFER, Matthias (2007): „Das solidarische Bürgergeld" unter: http://www.kas.de/upload/dokumente/2007/Borchard/Zus_Schaefer.pdf (augerufen am 12. 07.2017).

STRAUBHAAR, Thomas (2007): „Bedingungsloses Grundeinkommen und Solidarisches Bürgergeld – mehr als sozialutopische Konzepte" unter:http://www.hwwi.org/fileadmin/hwwi/Leistungen/Gutachten/Grundeinkommen-Studie.pdf (aufgerufen am 08.07.2017)

ALTHAUS, Dieter (o.J.): „Solidarisches Bürgergeld" unter: http://www.archiv-grundeinkommen.de/althaus/buergergeld.pdf (aufgerufen am 08.07. 2017)

BLASCHKE; Ronald (o. J.): „Netzwerk Grundeinkommen; Geschichte, Ein historischer Abriss über Vorschläge und Ideen zum Grundeinkommen" unter https://www.grundeinkommen.de/die-idee/geschichte (aufgerufen am 05. 07. 2017)

WIDERSTRÖM, Klaus (2010): „Erich Fromm und sein Vorschlag für ein Grundeinkommen" unter: http://www.archiv-grundeinkommen.de/fromm/201005-Fromm-und-das-bGE.pdf

JACOBI, Dirk (2007): „Garantiertes Grundeinkommen: Pro und Kontra": unter: http://www.bildungswerk-boell.de/sites/default/files/doku07-pro-contra-grundeinkommen-2aufl_1.pdf